FICHE DE LECTURE

DOCUMENT RÉDIGÉ PAR EMMANUELLE LAURENT
TITULAIRE D'UN DEA EN LETTRES MODERNES

Dom Juan

MOLIÈRE

lePetitLittéraire.fr

Molière
Dramaturge, comédien et chef de troupe français

- **Né en 1622 à Paris**
- **Décédé en 1673 dans la même ville**
- **Quelques-unes de ses œuvres :**
    - *Dom Juan* (1665), comédie
    - *L'Avare* (1668), comédie
    - *Le Bourgeois gentilhomme* (1670), comédie-ballet

À la fois auteur, metteur en scène, directeur de troupe et comédien, Molière (de son vrai nom Jean-Baptiste Poquelin) nait à Paris en 1622 dans la bourgeoisie aisée. Il s'oriente très tôt vers le théâtre et fonde avec la comédienne Madeleine Béjart la troupe de l'Illustre-Théâtre. Après douze ans de théâtre itinérant en province, il revient à Paris où il est remarqué par Louis XIV qui le prend à son service.

Il écrit essentiellement des comédies dans lesquelles, sous le couvert du rire, il met au jour les défauts de ses contemporains (la préciosité, le pédantisme, l'avarice, etc.) et critique la société du XVIIe siècle (les pères autoritaires, les faux dévots, les médecins charlatans, etc.) Ses nombreuses pièces exercent encore aujourd'hui une influence considérable et font de Molière un auteur majeur du siècle classique.

Il meurt à Paris en 1673.

Dom Juan
Dom Juan ou le libertin châtié

- **Genre :** théâtre (comédie)
- **Édition de référence :** *Dom Juan*, Paris, Larousse, coll. « Petits Classiques Larousse », 2011, 189 p.
- **1re édition :** 1665
- **Thématiques :** séduction, libertinage, hypocrisie, religion, baroque

Dom Juan est représenté pour la première fois en 1665. La pièce connait un grand succès au cours des quinze premières représentations, mais on accuse finalement Molière d'impiété, lui reprochant notamment d'avoir choisi en Sganarelle, face à dom Juan, un piètre défenseur de la religion.

Reprise à la comédie espagnole et au théâtre italien, cette tragicomédie mêle tous les genres et ne respecte pas la règle des trois unités. Non publiée du vivant de l'auteur, la pièce va est redécouverte aux siècles suivants et le « grand seigneur méchant homme » que Molière condamne devient un mythe qui fascine.

RÉSUMÉ

ACTE I

Scène 1

Gusman, écuyer de done Elvire, vient demander à Sganarelle, un valet, la raison du départ précipité de son maitre, dom Juan, alors qu'il a fait sortir la jeune femme d'un couvent pour l'épouser. Sganarelle lui apprend qu'un « mariage ne lui coute rien à contracter » et qu'« un grand seigneur méchant homme est une terrible chose ».

Scène 2

Arrive dom Juan que Sganarelle avertit de la présence d'Elvire. Dom Juan lui dit « qu'un autre objet a chassé Elvire de [sa] pensée » et justifie son inconstance : selon lui, « tout le plaisir de l'amour est dans le changement. »

Scène 3

À Elvire qui se rend compte, au premier regard, que dom Juan ne l'aime plus, ce dernier oppose un scrupule religieux : « J'ai cru que notre mariage n'était qu'un adultère déguisé. » Le faux dévot apparait déjà en dom Juan, ce qui suscite la colère d'Elvire.

ACTE II

Scène 1

Pierrot, un paysan, raconte à Charlotte, une paysanne, comment il a sauvé un maitre et son valet de la noyade. Du maitre, il décrit l'habit fastueux. Puis, il rappelle à Charlotte qu'elle lui est promise.

Scène 2

Le maitre et son valet ne sont autres que dom Juan et Sganarelle. L'entreprise de séduction d'une jeune personne par dom Juan a échoué, mais cet objet de désir a été aussitôt remplacé par un autre : une paysanne. Charlotte séduit à son tour dom Juan, qui lui propose le mariage.

Scène 3

Pierrot entre en scène et exprime sa jalousie. Le grand seigneur, loin de se justifier, soufflette le paysan.

Scène 4

Arrive Mathurine à laquelle il a, en premier, proposé le mariage. Dom Juan joue un double jeu, promettant, grâce aux apartés, le mariage à l'une et à l'autre. Sganarelle prévient les paysannes : « Mon maitre est un fourbe. C'est l'épouseur du genre humain. »

Scène 5

Son spadassin avertit dom Juan que douze hommes à cheval le cherchent. Dom Juan demande à Sganarelle d'échanger ses habits avec lui pour échapper à ses poursuivants.

ACTE III

Scène 1

Afin de ne pas être tué à sa place, Sganarelle a proposé à dom Juan d'autres travestissements : dom Juan en habit de campagne, Sganarelle en médecin. Ce dernier interroge son maitre sur ses croyances, lequel, par prudence, se contente de ces mots : « Je crois que deux et deux sont quatre, Sganarelle, et que quatre et quatre sont huit. »

Scène 2

Perdus dans la forêt, les deux hommes demandent leur chemin à un ermite qui vit de la charité. Dom Juan lui promet un louis d'or, pourvu qu'il jure contre Dieu. Le pauvre refuse.

Scène 3

Voyant un homme attaqué par trois autres, dom Juan, au nom de l'idéal aristocratique, se porte à son secours. C'est dom Carlos, le frère d'Elvire, parti à la recherche de dom Juan pour réparer l'injure faite à sa sœur.

Scène 4

Arrive l'autre frère d'Elvire, dom Alonse, qui reconnait dom Juan et veut le tuer. Dom Carlos s'y oppose, au nom du même code de l'honneur, parce que dom Juan vient de lui sauver la vie : il propose de différer la vengeance.

Scène 5

Dom Juan et Sganarelle aperçoivent alors un mausolée et la statue du commandeur, que dom Juan vient de tuer. Par bravade, il invite le commandeur à venir souper avec lui. La statue répond par l'affirmative en baissant la tête.

ACTE IV

Scène 1

Sganarelle ne doute point que le Ciel « ait produit ce miracle » pour inciter son maitre au repentir.

Scène 2

On annonce l'un des créanciers de dom Juan, M. Dimanche.

Scène 3

Dom Juan, à force de civilités, ne paie son créancier que de mots.

Scène 4

Puis dom Louis, le père de dom Juan, las de la conduite de son fils, lui rappelle ce à quoi l'oblige son origine aristocratique, et que « la vertu est le premier titre de noblesse ». Dom Juan répond par une dernière insolence.

Scène 5

Sganarelle, qui condamne la conduite du fils à l'égard de son père, est réduit au silence par la peur.

Scène 6

Arrive Elvire, vêtue du voile du couvent où elle s'est retirée. Le Ciel n'a laissé dans son cœur « qu'une flamme épurée de tout le commerce des sens » : elle tente de sauver dom Juan de l'impénitence finale qui le condamnerait à la damnation.

Scène 7

Alors qu'Elvire a réveillé en lui des « restes d'un feu éteint », dom Juan se met à souper en compagnie de son valet. On frappe. C'est la statue du commandeur.

Scène 8

La statue se met à table et invite dom Juan à souper pour le lendemain.

ACTE V

Scène 1

Dom Juan annonce à son père sa conversion subite : « Le Ciel tout d'un coup a fait en moi un changement qui va surprendre tout le monde. »

Scène 2

Mais il est toujours le même et avoue à son valet que ce changement n'est qu'« un stratagème utile » pour ménager son père et mettre en sureté ses affaires. Car l'hypocrisie, « vice à la mode » a « de merveilleux avantages : « C'est là le moyen de faire impunément tout ce que je voudrai. »

Scène 3

À dom Carlos, venu une dernière fois demander que dom Juan retrouve l'épouse qu'il a abandonnée, celui-ci répond que sa conversion l'en empêche et qu'il obéit « à la voix du Ciel ».

Scène 4

Sganarelle s'indigne : « Monsieur, quel diable de style prenez-vous là ? »

Scène 5

Apparait alors un spectre à l'apparence d'une femme voilée qui invite dom Juan au repentir. Mais le libertin refuse la grâce que le Ciel lui accorde et montre un endurcissement au péché.

Scène 6

Apparait enfin la statue du commandeur : dom Juan sent un feu invisible le consumer, un gouffre s'ouvre, qui l'engloutit. Sganarelle conclut : « Voilà par sa mort un chacun satisfait. [...] Il n'y a que moi seul de malheureux. Mes gages, mes gages, mes gages ! »

ÉTUDE DES PERSONNAGES

DOM JUAN

Dom Juan, par sa présence écrasante et par son caractère, qui pendant une grande partie de la pièce domine tout, finit pourtant par être vaincu. De ce personnage complexe, Molière tire des contrastes saisissants. S'il est présenté comme un homme « de qualité » qui appartient à une grande famille et montre certains traits liés à son origine – élégance de l'habit, grâce des manières, séduction naturelle, beau langage, courage chevaleresque –, tout ce qu'il fait de bas contraste avec sa très haute noblesse.

Ses visages successifs – le libertin en amour (Acte I), l'athée (Acte III), l'hypocrite (Acte V) – relèvent d'une progression logique : le libertinage en amour engendre le libertinage en matière de foi qui mène à la fausse dévotion. Comme dom Juan ne croit pas en l'amour, il ne croit pas en Dieu, et, comme le libertin séduit les femmes, l'hypocrite abuse les hommes. Molière a ménagé un crescendo en rendant son personnage de moins en moins séduisant aux yeux du spectateur et en faisant de l'hypocrisie le plus grand de ses vices et le péché irrémédiable qui amènera la damnation finale, comme le dit Sganarelle : « Il ne vous manquait plus que d'être hypocrite pour vous achever de tout point, et voilà le comble des abominations. » (Acte V, scène 2) Comme il a défié Dieu, c'est Dieu lui-même qui le châtie, après lui avoir envoyé sa grâce, qu'il refuse jusqu'au bout. La mort à grand spectacle de dom Juan qui montre le tonnerre jeter de grands éclairs et s'ouvrir le gouffre sombre de l'enfer est à l'image d'un personnage flamboyant et ténébreux, vivante contradiction, oxymore (figure de style qui consiste à lier deux mots contradictoires) baroque.

SGANARELLE

Il n'est pas de couple de théâtre plus uni que celui formé par dom Juan et Sganarelle, toujours présents ensemble dans la quasi totalité des scènes. Le valet est lié à son maitre par la nécessité (« Mes gages ! Mes gages ! ») et par la peur : « La crainte en moi fait l'office du zèle. » Comme la pièce mêle les genres, il est à la fois un valet de comédie traditionnel, poltron, bavard, aimant la bonne chère, et un confident de tragédie, lorsque dom Juan, hypocrite, lui montre le « fond de [son] âme ».

Complice de son maitre, sorte de double inférieur allant jusqu'à agir comme lui par complaisance et par mimétisme, il en devient le juge, lorsque son maitre est loin. Aussi poltron que son maitre est courageux (« Quoi, tu fuis quand on m'attaque ? », Acte III, scène 5), il ne peut opposer à la logique rigoureuse de dom Juan qu'un discours décousu ou un silence stupéfié : « Quel homme ! Quel homme ! » (Acte V, scène 2) S'il essaie de prouver l'existence de Dieu par l'argument tout à fait orthodoxe des causes finales (la perfection de l'homme postule un créateur), lorsqu'il interroge son maitre sur ses croyances, il évoque le Moine-Bourru, fantôme issu de la superstition populaire. C'est ainsi que ceux qui accusèrent la pièce d'impiété ont pu reprocher à Molière d'avoir choisi en Sganarelle un piètre défenseur de la religion.

C'est que Molière en a trouvé d'autres :

- le pauvre : confronté à dom Juan qui a pris le visage du tentateur pour l'inciter à commettre un péché mortel en jurant, il refuse : « J'aime mieux mourir de faim. » (Acte III, scène 2) ;
- dom Louis, porte-parole de Molière, qui rappelle que « la naissance n'est rien là où la vertu n'est pas » (Acte IV, scène 4) ;
- Elvire.

ELVIRE

Le personnage est une création de Molière. Dom Juan a séduit une religieuse cloitrée d'origine noble pour la faire sortir du couvent et pour l'épouser, se posant déjà par cet acte en rival de Dieu.

Elvire apparait une première fois en épouse bafouée qui demande raison. Son amour véritable pour un seul contraste avec les multiples conquêtes de dom Juan, incapable d'aimer, et à qui elle est obligée de souffler les mots qu'elle aurait désiré entendre : « Que ne me jurez-vous que vous m'aimez toujours avec une ardeur sans égale, et que rien n'est capable de vous détacher de moi que la mort ? »

Cet amour vrai s'épure encore et devient une « tendresse toute sainte ». Touchée par la grâce, elle apparait voilée à l'acte IV, portant l'habit du couvent où elle retourne : « Vous me voyez bien changée de ce que j'étais ce matin. » Cette scène est l'exacte contrepartie de la scène où dom Juan prétend lui aussi avoir été touché par la grâce pour avouer, ensuite, qu'il « n'est point changé ». À l'éros (amour physique) de dom Juan s'oppose l'agapé (amour spirituel) d'Elvire, un « amour détaché de tout, qui n'agit point pour soi » : elle vient pour sauver dom Juan de l'impénitence finale qui le condamnerait à la damnation. Mais celui-ci, incapable d'être touché par le langage du cœur, est ému d'une façon érotique par Elvire. Elle réapparaitra au dernier acte sous la forme d'un spectre voilé, personnification de la Grâce, que dom Juan refuse.

CLÉS DE LECTURE

LE MAITRE ET LE VALET

Un couple inséparable

Dom Juan, présent dans 25 scènes sur les 27, est toujours suivi de Sganarelle, présent dans 26 scènes. Il s'ensuit une subordination constante de l'un à l'autre, à tel point que le valet peut apparaitre comme le double inférieur de son maitre.

Sganarelle, complice de dom Juan

Par peur des coups, Sganarelle est « réduit d'applaudir bien souvent à ce que [son] âme déteste » (Acte I, scène 1). Face à Elvire qui demande raison, dom Juan charge son valet de parler à sa place : « Madame, voilà Sganarelle qui sait pourquoi je suis parti. » (Acte I, scène 3) Pour échapper à ses poursuivants, le maitre propose au valet qu'ils échangent leurs habits : « Bien heureux est le valet qui peut avoir la gloire de mourir pour son maitre. » (Acte II, scène 5) Comme son maitre, Sganarelle pousse le pauvre au blasphème (« Va, va, jure un peu, il n'y a pas de mal », Acte III, scène 2) ; comme lui, il renvoie le créancier, M. Dimanche, pour ne pas payer ses dettes.

Sganarelle, juge de dom Juan

Réduit au silence lorsqu'il est en présence de son maitre, le valet « décharge son cœur » lorsqu'il est loin de lui (Acte I, scène 1), ou qu'il parle à voix basse. Le spectateur a ainsi, grâce aux apartés, un portrait noir de dom Juan : « Ah ! Quel abominable maitre me vois-je obligé de servir ! » (Acte I, scène 3) Vivant dans son intimité, Sganarelle croit avoir une connaissance approfondie de son maitre : « Je sais mon Dom Juan sur le bout du doigt » (Acte I, scène 2). Mais dom Juan lui échappe, comme il nous échappe. Le valet peut, tout au plus, esquisser quelques traits : « Ce n'est là qu'une ébauche du personnage, et pour en achever le portrait, il faudrait bien d'autres coups de pinceau. » (Acte I, scène 1) Le portrait de dom Juan reste alors inachevé.

LA COMPLEXITÉ DU MAITRE ET LA SIMPLICITÉ DU VALET

La profondeur psychologique

Parce qu'il doit avant tout faire rire, Sganarelle reste figé dans les traits traditionnels du valet de comédie. Son maitre a une profondeur psychologique qu'il n'a pas. Face à la morale commune du valet, dom Juan affirme la liberté et l'audace aristocratiques d'être soi, lançant un défi à Dieu et à la société.

Le grand seigneur

Les qualités – et les travers – de dom Juan sont liés au sentiment de sa valeur qui le place au-dessus des lois, mais aussi à ses manières, à son courage chevaleresque et à l'élégance de son discours. C'est surtout par son langage, arme pour séduire les femmes et abuser les hommes, que se traduit sa supériorité. Il démonte, grâce à une argumentation implacable, la logique de la fausse dévotion, alors que Sganarelle, qui tente de prouver l'existence de Dieu ou qui condamne son hypocrisie, ne lui oppose que des proverbes incohérents : « Ô le beau raisonnement ! » (Acte V, scène 2)

Le sens de la pièce

De quel côté se place Molière ? Les détracteurs de la pièce lui ont reproché d'avoir choisi en Sganarelle un piètre défenseur de la religion. Et il l'est, comme il est poltron et superstitieux. Molière serait-il alors du côté de dom Juan, approuvant secrètement son libertinage ? On peut difficilement l'affirmer, car si le libertin et l'athée exercent une certaine séduction, le faux dévot est odieux ; de même, le « gentilhomme » qui, par ses outrances, méconnait les règles de la civilité est pour un homme du XVIIe siècle « un monstre dans la nature ».

Molière, comme toujours, se place du côté des personnages qui représentent la mesure et l'honnêteté : Elvire, le pauvre, dom Carlos et dom Louis, qui tous défendent mieux que ne le fait Sganarelle ce que dom Juan attaque. Reste au valet le privilège d'annoncer, dès le début, le sort tragique qui attend le maitre.

DOM JUAN, AUTRE TARTUFFE ?

La querelle du Tartuffe et la querelle de Dom Juan

Lorsque la représentation de *Dom Juan* a lieu, le 15 février 1665, *Le Tartuffe* est toujours interdit. Un an après, comme Molière est surveillé, il cesse de faire jouer la pièce au bout de quinze représentations, malgré le succès public. L'acte V de *Dom Juan* est une réponse en acte de Molière à ses adversaires, à qui il montre un faux dévot qui dévoile son art de l'imposture, mais qui sera condamné sans rémission.

Le grand seigneur et le gueux

Si dom Juan est faux dévot par « pure politique », Tartuffe est un « gueux » sans ressources, un imposteur de profession : c'est la figure du parasite. Sensuel, « gros et gras, le teint frais et la bouche vermeille » (Acte I, scène 4), il n'a pas l'élégance de dom Juan, qui, faux dévot, reste grand seigneur. Le masque d'hypocrite est pour ce dernier une nouvelle manière d'affirmer sa liberté souveraine, de « faire impunément tout ce qu'[il voudra] ».

Séduire et tromper

L'un et l'autre, cependant, se servent de ce masque pour séduire. Tartuffe abuse de la crédulité d'Orgon et de celle de Mme Pernelle, prêts à renier leur propre famille pour lui. Dom Juan invoque le ciel pour séduire Charlotte (Acte II, scène 3), et joue si bien son rôle que dom Louis croit à sa conversion, tout comme Sganarelle : « Ah ! Monsieur, que j'ai de joie à vous voir converti ! » (Acte V, scène 2).

L'HYPOCRISIE, UN VICE PRIVILÉGIÉ

Le parti des dévots

Pour l'un comme pour l'autre, l'hypocrisie est un « vice privilégié ». Dans l'acte V de *Dom Juan*, Molière règle ses comptes avec ceux qui firent interdire *Le Tartuffe* en l'accusant d'attaquer la vraie foi, alors qu'il dénonçait seulement sa parodie, la fausse dévotion. On est passé du « je » de dom Juan à l'impersonnel et au présent des vérités générales dans des maximes qui décrivent les vices du siècle : « L'hypocrisie est un vice à la mode et tous les vices à la mode passent pour vertus. » (Acte V, scène 2)

Le manteau de la religion

À l'époque, on n'ose pas s'attaquer aux dévots. Dénoncer un imposteur, c'est risquer de toucher un véritable homme de foi et toucher aux mystères sacrés. Certains, « sous cet habit respecté, ont la permission d'être les plus méchants hommes du monde » (Acte V, scène 2). Dom Juan ne quittera pas « ses douces habitudes » et Tartuffe invite Elmire à céder à ses avances (Acte III, scène 3), argüant de l'impunité dont jouissent les dévots, qui savent se faire discrets : « Mais les gens comme nous brûlent d'un feu discret,/ Avec qui pour toujours on est sûr du secret. » (*Le Tartuffe*, Acte III, scène 3)

Pouvoir de la cabale

Ainsi, les hypocrites, se sachant coupables, sont tous complices les uns des autres (« qui en choque un se les jette tous sur les bras », Acte VI, scène 2), et se soutiennent, à la fois par la loi du silence qui leur donne l'impunité, et par la violence de leurs attaques. Afin ne pas être jugés pour ce qu'ils sont vraiment, ils vont se faire les censeurs des autres : « Je m'érigerai en censeur des actions d'autrui, jugerai mal de tout le monde, et n'aurai bonne opinion que de moi. » (Acte V, scène 2)

L'ARRESTATION DE L'IMPOSTEUR ET LE CHÂTIMENT DIVIN DU LIBERTIN

Molière condamne ses personnages

Si dom Juan libertin peut être séduisant, il devient odieux, comme Tartuffe, lorsqu'il se sert de la religion pour abuser les hommes. Pour Tartuffe, Molière prend la précaution de noter dans une didascalie : *C'est un scélérat qui parle* (*Le Tartuffe*, Acte IV, scène 5), comme il indique pour dom Juan : faisant l'hypocrite. Tout l'art de l'hypocrite étant de porter un masque, Molière va finalement démasquer ses personnages aux yeux des spectateurs et montrer leur vrai visage, « le fond de leur âme », afin que la séduction n'opère plus.

Le châtiment final

La dimension des deux personnages se mesure à leur châtiment. Hommage à Louis XIV qui a soutenu la pièce de Molière, Tartuffe sera arrêté comme un vulgaire escroc par l'envoyé d'un roi, « ennemi de la fraude » (*Le Tartuffe*, Acte V, scène 7), qui joue ici le rôle de deus ex machina. Dom Juan ira seul au-devant de sa mort.

La mort de dom Juan

C'est Dieu lui-même qui envoie dom Juan en enfer, dans une mise en scène à grand spectacle où le personnage solaire, à l'habit d'or et aux rubans « couleur de feu » est une dernière fois éclairé d'une lumière éclatante : « Le tonnerre tombe avec un grand bruit et de grands éclairs sur Dom Juan. » (Acte V, scène 6) Nous sommes dans une pièce à machines et contrairement aux bienséances du théâtre classique, dom Juan meurt sur scène. Manière de faire ressentir au spectateur le supplice de la damnation et de susciter en lui la « terreur et la pitié », comme dans la tragédie : « Ô Ciel ! Que sens-je ? Un feu invisible me brule, je n'en puis plus et tout mon corps devient un brasier ardent. » (Acte V, scène 6) D'abord consumé par les feux de l'amour, il meurt à la fin dans les flammes de l'enfer.

CARACTÉRISTIQUES DU BAROQUE

Le baroque est né dans la deuxième moitié du XVIe siècle, en Italie, à la faveur de la Contre-Réforme (réforme catholique menée au XVIe siècle contre la réforme protestante). Le mot, qui vient du portugais *barroco*, désigne une pierre précieuse irrégulièrement taillée, et a d'abord été employé péjorativement pour condamner une esthétique en rupture avec l'idéal classique.

Le mouvement et la distorsion des formes

Les baroques ont le sentiment que tout est mouvement : l'homme est une créature mortelle, ses sentiments sont inconstants ; le temps fuit, la nature est en perpétuelle métamorphose. Aussi refusent-ils en art la ligne droite du classicisme qui évoque un monde stable, pour la courbe et la ligne brisée qui témoignent d'un équilibre instable. La poésie décrit l'onde fuyante, la flamme qui consume, le temps rongeur.

Masques et métamorphoses

Ce sentiment de l'instabilité amène les baroques à penser que l'univers n'est qu'un jeu de reflets incertains. La vie est-elle un songe ? Comment distinguer l'être du paraitre, le visage du masque ? En art, le trompe-l'œil, le décor, la façade, qui est l'apparence même, se développent. On aime, au théâtre ou dans les ballets de cour, la parure, le déguisement.

Ostentation et démesure

Dans un monde instable, l'affirmation orgueilleuse de soi est un moyen de rivaliser en grandeur avec la grandeur (Dieu, la Nature), de lutter contre ce qui peut asservir l'homme (les lois civiles, morales ou religieuses). L'hyperbole, qui consiste à exagérer une idée, est ainsi la figure baroque par excellence, la traduction de ce désir de dépassement.

Le sentiment de la mort

Si l'inconstance est célébrée par certains baroques comme un moyen de libérer l'homme – ceux-ci sont libertins en matière de foi et dans leurs mœurs –, chez d'autres, profondément religieux, cette fragilité rappelle la misère de l'homme sans Dieu. Les peintres, dans des « vanités », montrent, à côté des objets du savoir humain ou de la gloire mondaine, un crâne qui nous rappelle que nous sommes mortels : « Memento mori » (Souviens-toi que tu mourras).

DOM JUAN, UN PERSONNAGE BAROQUE ?

Le mouvement et la distorsion des formes

Dom Juan est l'être du désir, donc de l'instant et de l'inconstance. Pour permettre ce changement perpétuel de lieux et de femmes – les deux étant liés –, Molière n'obéit pas à la règle de l'unité de lieu et use de l'hyperbole pour montrer un personnage à l'étroit dans les limites de notre monde : « comme Alexandre, je souhaiterais qu'il y eût d'autres mondes pour y pouvoir étendre mes conquêtes amoureuses. » (Acte I, scène 2)

Masques et métamorphoses

Dom Juan est un personnage protéiforme, dont on ne peut fixer les traits sous les masques successifs. Dans la scène du pauvre, il montre tour à tour le visage noir du Tentateur puis un visage chevaleresque, comme il se porte au secours d'un homme lâchement attaqué par trois autres. Plus encore, dans un monde où triomphe l'hypocrisie, « vice à la mode » qui a l'apparence trompeuse de la vertu, il faut soi-même porter un masque par « pure politique » et « profiter des faiblesses des hommes » (Acte V, scène 2).

Ostentation et démesure

La magnificence de son habit doré décrit par Pierrot relève chez dom Juan d'un attrait pour la parure ostentatoire faite pour séduire et tromper. On retrouve la démesure dans son désir de conquêtes qui excède les limites étroites de notre monde, et dans le sentiment de sa supériorité de grand seigneur qui le place au-dessus des lois humaines et le pousse à défier Dieu : dimensions presque surhumaines du personnage, à l'origine du mythe.

Le sentiment de la mort

La peur de la mort ne semble pas atteindre dom Juan (« Rien ne saurait m'ébranler », Acte IV, scène 7), comme il ne craint ni les avertissements des hommes ni les signes du Ciel. Mais la mort projette son ombre sur toute la pièce et le châtiment final est annoncé dès la première scène. Mise en scène à grand spectacle comme les aimaient les baroques, la mort par le feu du personnage, à la fois flamboyant et ténébreux, est un oxymore, une alliance des contraires.

LE MYTHE DE DON JUAN

Les origines

Don Juan est né dans *Le Trompeur de Séville et le Convive de pierre* (1630), œuvre édifiante d'un moine, Tirso de Molina, dans laquelle un grand seigneur irrespectueux des lois humaines et divines meurt dans les flammes de l'enfer. La pièce arrive ensuite en Italie où elle est tirée vers la farce, puis en France, sous le titre du *Festin de pierre*. En 1665, Molière s'empare de cette pièce à machines qui a beaucoup de succès.

Qu'est-ce qu'un mythe ?

Expression des aspirations ou des conflits les plus profonds de l'homme, un personnage devient un mythe lorsqu'il déborde le cadre de l'œuvre où il a été créé. À partir de Molière, qui donne toute sa mesure à ce personnage complexe dans une pièce qui fait intervenir le surnaturel, dom Juan sera repris et interprété différemment selon les époques.

LE DOM JUAN DE MOLIÈRE

Le grand seigneur

Le « grand seigneur méchant homme » montre toutes les qualités aristocratiques, mais dévoyées : recherchant son bon plaisir dans l'amour, brave dans le duel, il méprise les hommes et défie Dieu par des réflexes naturels d'orgueil et de bravoure liés à son rang. Alors que le personnage de Tirso de Molina ne repousse pas l'idée d'implorer la clémence du ciel qui lui éviterait d'être damné, le dom Juan de Molière refuse de voir et d'entendre les signes surnaturels qui lui sont donnés : « Rien n'est capable de m'imprimer de la terreur » (Acte V, scène 5).

Le châtiment final

Le châtiment est à la mesure du défi lancé par dom Juan aux hommes et à Dieu. Si Molière condamne en lui l'athée, l'hypocrite et le grand seigneur qui a l'audace de se placer au-dessus des lois, dans une époque si attachée aux règles du bien-vivre en société, la place qu'il lui accorde, le pouvoir de séduction qu'il lui attribue, témoignent certainement d'une secrète fascination.

ÉVOLUTION DU PERSONNAGE

Au XVIIIe siècle, le Lovelace de *Clarisse Harlowe* (écrit par Samuel Richardson en 1748) et le Valmont des *Liaisons dangereuses* (écrit par Choderlos de Laclos en 1782) héritent de certains traits de dom Juan : mais d'un siècle à l'autre, le « grand seigneur méchant homme » est devenu un roué. Si la légèreté de la musique de Mozart, dans l'opéra italien *Don Giovanni* (1787), est un équivalent de l'inconstance du libertin, Da Ponte, le librettiste, condamne comme Molière le personnage à travers la mort à grand spectacle du finale.

Pour les romantiques, dom Juan est un héros de la révolte, un chercheur d'absolu. Musset, dans son poème *Namouna* (1831) le montre à la recherche de la femme unique à travers ses conquêtes multiples. Baudelaire, dans *Dom Juan aux enfers* (1857) en fait une figure orgueilleuse de Satan.

Le XXe siècle reprend le personnage, pour le sanctifier ou le parodier. Le poète Milosz, dans *Miguel Mañara* (1912), le montre touché par la grâce de l'amour infini de Dieu, seul capable de le combler. À l'inverse, Montherlant, dans *La Mort qui fait le trottoir* (1956) montre la vieillesse du mythe en mettant en scène un personnage de vieux beau fatigué. Tout surnaturel est nié.

PISTES DE RÉFLEXION

QUELQUES QUESTIONS POUR APPROFONDIR SA RÉFLEXION…

- Expliquez le titre : *Dom Juan ou le Festin de pierre*.
- Montrez en quoi la première scène de l'acte I est une scène d'exposition.
- Expliquez ce jugement de Sganarelle sur son maitre : « Mais un grand seigneur méchant homme est un monstre dans la nature » (Acte I, scène 1)
- Peut-on dire de Sganarelle qu'il est le double inférieur de dom Juan ?
- Quels sont, au XVIIe siècle, les différents sens du mot « libertin » ? En quoi dom Juan les résume-t-il tous ?
- Dans le portrait qu'il dresse de lui-même pour justifier son inconstance, dom Juan se compare à Alexandre le Grand. Expliquez pourquoi.
- La pièce de Molière n'obéit pas à la règle classique des trois unités (unité de lieu, de temps, d'action). Expliquez pourquoi.
- En quoi l'œuvre de Molière est-elle une « pièce à machines » ?
- Pourquoi dom Juan se fait-il passer pour dévot à l'acte V ?
- En quoi dom Juan peut-il relever de l'esthétique baroque ?
- Expliquez pourquoi le personnage de dom Juan est devenu un mythe.

POUR ALLER PLUS LOIN

ÉDITION DE RÉFÉRENCE

- Molière, *Dom Juan*, Paris, Larousse, coll. « Petits Classiques Larousse », 2011, 189 p.

SUR LEPETITLITTÉRAIRE.FR

- Commentaire sur la scène 2 de l'acte II de *Dom Juan*
- Fiche de lecture sur *Amphitryon* de Molière
- Fiche de lecture sur *George Dandin* de Molière
- Fiche de lecture sur *L'Avare* de Molière
- Fiche de lecture sur *L'École des femmes* de Molière
- Fiche de lecture sur *L'Impromptu de Versailles* de Molière
- Fiche de lecture sur *Le Bourgeois gentilhomme* de Molière
- Fiche de lecture sur *Le Malade imaginaire* de Molière
- Fiche de lecture sur *Le Médecin volant* de Molière
- Fiche de lecture sur *Le Misanthrope* de Molière
- Fiche de lecture sur *Le Tartuffe* de Molière
- Fiche de lecture sur *Les Femmes savantes* de Molière
- Fiche de lecture sur *Les Fourberies de Scapin* de Molière
- Fiche de lecture sur *Les Précieuses ridicules* de Molière
- Questionnaire de lecture sur *Dom Juan*

Gaudé
- La Mort du roi Tsongor
- Le Soleil des Scorta

Gautier
- La Morte amoureuse
- Le Capitaine Fracasse

Gavalda
- 35 kilos d'espoir

Gide
- Les Faux-Monnayeurs

Giono
- Le Grand Troupeau
- Le Hussard sur le toit

Giraudoux
- La guerre de Troie n'aura pas lieu

Golding
- Sa Majesté des Mouches

Grimbert
- Un secret

Hemingway
- Le Vieil Homme et la Mer

Hessel
- Indignez-vous !

Homère
- L'Odyssée

Hugo
- Le Dernier Jour
- d'un condamné
- Les Misérables
- Notre-Dame de Paris

Huxley
- Le Meilleur des mondes

Ionesco
- Rhinocéros
- La Cantatrice chauve

Jary
- Ubu roi

Jenni
- L'Art français de la guerre

Joffo
- Un sac de billes

Kafka
- La Métamorphose

Kerouac
- Sur la route

Kessel
- Le Lion

Larsson
- Millenium I. Les hommes qui n'aimaient pas les femmes

Le Clézio
- Mondo

Levi
- Si c'est un homme

Levy
- Et si c'était vrai...

Maalouf
- Léon l'Africain

Malraux
- La Condition humaine

Marivaux
- La Double Inconstance
- Le Jeu de l'amour et du hasard

Martinez
- Du domaine des murmures

Maupassant
- Boule de suif
- Le Horla
- Une vie

Mauriac
- Le Nœud de vipères

Mauriac
- Le Sagouin

Mérimée
- Tamango
- Colomba

Merle
- La mort est mon métier

Molière
- Le Misanthrope
- L'Avare
- Le Bourgeois gentilhomme

Montaigne
- Essais

Morpurgo
- Le Roi Arthur

Musset
- Lorenzaccio

Musso
- Que serais-je sans toi ?

Nothomb
- Stupeur et Tremblements

Orwell
- La Ferme des animaux
- 1984

Pagnol
- La Gloire de mon père

Pancol
- Les Yeux jaunes des crocodiles

Pascal
- Pensées

Pennac
- Au bonheur des ogres

Poe
- La Chute de la maison Usher

Proust
- Du côté de chez Swann

Queneau
- Zazie dans le métro

Quignard
- Tous les matins du monde

Rabelais
- Gargantua

Racine
- Andromaque
- Britannicus
- Phèdre

Rousseau
- Confessions

Rostand
- Cyrano de Bergerac

Rowling
- Harry Potter à l'école des sorciers

Saint-Exupéry
- Le Petit Prince
- Vol de nuit

Sartre
- Huis clos
- La Nausée
- Les Mouches

Schlink
- Le Liseur

Schmitt
- La Part de l'autre
- Oscar et la Dame rose

Sepulveda
- Le Vieux qui lisait des romans d'amour

Shakespeare
- RoméoetJuliette

Simenon
- Le Chien jaune

Steeman
- L'Assassin habite au 21

Steinbeck
- Des souris et des hommes

Stendhal
- Le Rouge et le Noir

Stevenson
- L'Île au trésor

Süskind
- Le Parfum

Tolstoï
- Anna Karénine

Tournier
- Vendredi ou la Vie sauvage

Toussaint
- Fuir

Uhlman
- L'Ami retrouvé

Verne
- Le Tour du monde en 80 jours
- Vingt mille lieues sous les mers
- Voyage au centre de la terre

Vian
- L'Écume des jours

Voltaire
- Candide

Wells
- La Guerre des mondes

Yourcenar
- Mémoires d'Hadrien

Zola
- Au bonheur des dames
- L'Assommoir
- Germinal

Zweig
- Le Joueur d'échecs

Et beaucoup d'autres sur lePetitLittéraire.fr

www.lepetitlitteraire.fr

ISBN version imprimée : 978-2-8062-1276-4
ISBN version numérique : 978-2-8062-1762-2
Dépôt légal : D/2013/12.603/462

7958610R00023

Printed in Germany
by Amazon Distribution
GmbH, Leipzig